AF339999

DE

L'OBLIGATION ALIMENTAIRE

ENTRE PARENTS ILLÉGITIMES

OUVRAGES DU MÊME AUTEUR

De la propriété des mines. (Ouvrage couronné par la faculté de droit de Paris.) MARESCQ, 1876.

Jeux et paris devant la loi. 1874.

Une nouvelle forme de société alimentaire. (Sous presse.)

3537-77. — CORBEIL, typ. et stér. de CRÉTÉ.

DE
L'OBLIGATION ALIMENTAIRE

ENTRE PARENTS ILLÉGITIMES

PAR

E. CHEVALLIER

AVOCAT A LA COUR D'APPEL, DOCTEUR EN DROIT

EXTRAIT DE LA *Revue pratique de Droit français.*

PARIS

A. MARESCQ AINÉ, LIBRAIRE-ÉDITEUR

20, RUE SOUFFLOT, 20

Au coin de la rue Victor-Cousin.

1877

DE

L'OBLIGATION ALIMENTAIRE

ENTRE PARENTS ILLÉGITIMES

Parmi les obligations multiples qui naissent du mariage, il en est deux qui figurent dans le chapitre v du titre *Du mariage;* je fais allusion, d'une part, à l'obligation pour les époux de « nourrir, d'entretenir et d'élever leurs enfants », et, d'autre part, à l'obligation où sont les ascendants, parents ou alliés, à l'infini, de fournir, *à charge de réciprocité*, une pension alimentaire à leurs descendants et alliés au même titre « qui sont dans le besoin ».

A première vue, l'on est tenté de confondre la première obligation avec la seconde, et de penser que c'est de la dette alimentaire que résulte pour le père et la mère le devoir de nourrir, d'entretenir et d'élever leurs enfants. Mais cette idée constituerait une grave erreur. Plusieurs différences, en effet, séparent la première obligation, que l'on peut désigner sous le nom de *devoir d'éducation*, de la seconde obligation qui constitue, à proprement parler, la *dette alimentaire*. D'abord le devoir d'éducation oblige les père et mère à procurer à leur enfant la nourriture et l'entretien nécessaires à son existence, les aliments, les vêtements, et, en outre, l'éducation ; nous voulons parler des soins matériels et de chaque instant, ainsi que l'instruction proportionnée à la position sociale. Ce dernier devoir commence avec le jour de la naissance ; il finit au moment essentiellement variable où l'enfant se trouve, par l'éducation professionnelle ou libérale, que lui ont donnée ses parents, placé dans une situation telle qu'il puisse subvenir lui-même à ses besoins; dès ce jour, les parents en sont affranchis, et il ne reste à leur charge que l'obligation éventuelle de venir en aide à leurs enfants, soit en leur fournissant des secours pécuniaires, soit en les recevant chez eux (au cas où ces enfants seraient dans le besoin par suite de maladie ou de tout autre motif), de même qu'à l'inverse ces derniers doivent éventuellement secourir leurs parents malheureux au moyen de leurs ressources personnelles. Ce devoir d'éducation a donc pour objet non pas une prestation pécuniaire, mais des soins à donner ; il est, par conséquent, indivisible ; supporté concurremment par les deux époux, durant le mariage, il l'est uniquement par le survivant, lorsqu'un d'eux est prédécédé ; l'obligation alimentaire, au contraire, a pour objet, en principe, une somme d'argent, sauf le cas peu fréquent, d'ailleurs, où le débiteur acquitte sa dette alimentaire, en recevant chez lui le créancier ; hypothèse qui se présente lorsque, par son indigence, il se trouve dans l'impossibilité de payer une somme d'argent, et que, partant, il lui est plus facile d'appeler le créancier sous son toit et de le faire asseoir à sa table ; cette obligation est donc *divisible* lorsqu'elle a pour objet une somme d'argent, *indivisible* lorsque, suivant les termes de l'article 210 du Code civil, le tribunal aura ordonné que la personne, qui doit fournir les aliments, « rece- « vra dans sa demeure, nourrira et entretiendra celui auquel « elle doit des aliments (1). »

(1) Pour savoir si une obligation est divisible ou indivisible, il faut voir si son objet est ou non susceptible de division. C'est ce que dit l'article 1217 : « L'obligation est divisible ou indivisible selon qu'elle a pour objet ou une « chose, qui dans sa livraison, ou un fait qui dans l'exécution est ou n'est « pas susceptible de division, soit matérielle, soit intellectuelle. »

Lorsque deux enfants s'engagent, par exemple, à fournir à leur père une pension alimentaire de mille francs, ou qu'ils y sont contraints par un jugement, cette dette annuelle de mille francs se divise de plein droit entre ous les débiteurs ; ce que les enfants doivent est une somme d'argent. Or une somme d'argent est parfaitement divisible.

Au contraire, s'il a été convenu que ces enfants nourriraient et entretiendraient leur père, en le recevant alternativement chez eux, ce n'est plus une somme d'argent dont les enfants sont débiteurs, et ce n'est donc pas d'une obligation divisible dont ils sont tenus. Ils se sont engagés à prendre soin de leur père, à pourvoir à ses besoins ; ils sont, par conséquent, chargés de l'accomplissement d'un fait qui, dans son exécution, n'est pas susceptible de division. Leur obligation est donc indivisible.

Cette distinction, que nous croyons être le premier à proposer, est, d'ail-

Ce ne sont pas, d'ailleurs, les seules différences qui séparent le devoir d'éducation de l'obligation alimentaire. L'on peut encore dire que le devoir d'éducation ne comporte point le principe de réciprocité. Sans doute, les parents, qui sont dans le besoin, sont en droit d'attendre des aliments de leurs enfants ; mais jamais ils ne peuvent obtenir d'eux des soins à donner à leur personne. Jamais ils ne peuvent astreindre leurs enfants à les « nourrir, entretenir et élever » ; c'est trop évident. La dette alimentaire, au contraire, est réciproque ; la réciprocité en est proclamée expressément par la loi (art. 207). Ce qui suppose que tout débiteur de la dette alimentaire peut, le cas échéant, obtenir des aliments de celui auquel il en doit.

Enfin, peut-on ajouter, le devoir d'éducation n'existe jamais entre alliés ; au contraire, la dette alimentaire existe à l'égard de quelques-uns d'entre eux (art. 206).

leurs, conforme à la nature même des choses. Si, en effet, la pension alimentaire consiste en prestations pécuniaires, et que l'un des débiteurs devienne insolvable, l'autre n'en sera pas pour cela tenu d'acquitter la part de son codébiteur. Le créancier, ne touchant que la moitié de sa pension, souffrira seul de cette insolvabilité. Mais cette circonstance ne l'empêchera pas de vivre. On vit, en effet, avec cinq cents francs, comme on vit avec mille francs ; on en est quitte pour vivre moins bien.

Au contraire, lorsque la dette alimentaire doit être acquittée en nature, le créancier ne pourrait certainement pas vivre, s'il ne pouvait rester chez celui de ses enfants, qui est seul solvable, durant l'époque où il aurait dû séjourner chez l'autre. La créance est indivisible.

Que l'on ne nous dise pas qu'aux termes de l'article 1221, la dette devrait être indivisible ; en effet, le troisième paragraphe de cet article ne rend *indivisible* la dette alternative de choses, dont l'une est indivisible, que lorsqu'il s'agit de choses alternatives *au choix du créancier !* Or telle n'est pas ici l'hypothèse.

Mais ne pourrait-on pas nous faire une objection plus sérieuse, et dire que la dette alimentaire est, non pas alternative, mais simplement facultative ; et qu'alors l'objet, qui est *in obligatione*, étant une prestation pécuniaire, c'est-à-dire une chose divisible, la dette tout entière est divisible ? Nous ne le pensons point. Lorsqu'il s'agit, en effet, d'une obligation facultative, le débiteur seul a le choix d'exécuter ou le fait, qui est *in obligatione*, ou celui qui est *in facultate solutionis* ; le créancier, à l'inverse, ne peut comprendre dans sa demande que la chose qui fait l'objet de l'obligation, et il ne peut conclure à la délivrance de la chose, qui est pour le débiteur *in facultate solutionis*. Dans la dette alternative, au contraire, il en est tout autrement. — Or, en matière de dette alimentaire, la loi n'accorde au débiteur aucune option ; c'est le tribunal qui a, sur ce point, le pouvoir discrétionnaire (V. art. 210 et 211, C. civ.). De plus, si la dette alimentaire était simplement facultative, est-ce que (c'est du moins notre avis) l'on ne devrait pas décider que, dans tous les cas où l'objet, qui est *in obligatione*, est d'une exécution impossible, celui qui est *in facultate solutionis* ne pût être exigé ? Or la lo décide ici positivement le contraire (art. 210).

Jusqu'ici dans notre comparaison entre la dette alimentaire et le devoir d'éducation, nous avons supposé que ces deux obligations dérivaient du mariage ; nous les avons présentées comme des effets de cette union. C'est qu'en effet il en est traité sous un chapitre intitulé : « Des obligations qui naissent du mariage ; » c'est que ce chapitre est l'un de ceux qui composent le titre *Du mariage ;* c'est que l'article 203, qui s'occupe du devoir d'éducation, s'exprime en ces termes : « Les « *époux* contractent ensemble, par le fait seul du *mariage*, l'o- « bligation de nourrir, d'entretenir et d'élever leurs enfants ; » que les articles suivants, qui se réfèrent à l'obligation alimentaire, supposent implicitement qu'il y a eu mariage ; c'est qu'enfin pour quiconque lit la loi, ces obligations semblent, dans la pensée du législateur et d'après leur place, liées à l'idée du mariage, comme celles dont il est traité dans le chapitre VI.

Faut-il en conclure que l'enfant illégitime, c'est-à-dire l'enfant né hors des *justæ nuptiæ*, n'ait pas le droit d'exiger de ses parents la nourriture et l'entretien, qu'il ne puisse obtenir d'eux une pension alimentaire ? Et, à l'inverse, faut-il en conclure que les parents illégitimes ne puissent réclamer de leurs enfants des aliments ? C'est ce que nous nous proposons d'examiner.

Si nous posons cette question, et si nous recherchons la solution de ce point douteux, c'est que, comme on le sait, les enfants naturels sont assez sacrifiés par notre droit dans leurs intérêts matériels. Notre législateur, en effet, pour honorer le mariage les a frappés de déchéance, en matière successorale. Hâtons-nous de dire, d'ailleurs, que, à notre sens, ce ne sont pas les enfants eux-mêmes, quoique victimes innocentes de ses rigueurs, qu'il a voulu atteindre ; mais qu'il a surtout voulu punir les parents, dont la conduite a été un acte de révolte contre les lois sacrées du mariage. En effet, selon nous, son but dominant a été de frapper les vrais coupables, en leur enlevant le droit de disposer de leur fortune en faveur de ceux qui ont été les fruits de leur faute. Décider autrement, ce serait admettre, contre l'évidence, que le patrimoine paternel, abstraction faite de toute idée de réserve, appartient aux enfants et descendants, quels qu'ils soient, d'ailleurs, légitimes ou naturels.

SECTION PREMIÈRE

Y A-T-IL UNE CRÉANCE ALIMENTAIRE AU PROFIT DES ENFANTS ILLÉGITIMES?

Les enfants illégitimes ou nés en dehors du mariage sont de deux sortes : ils peuvent être simplement naturels, ils peuvent aussi être incestueux ou adultérins.

Ces deux classes d'enfants n'étant pas traitées de la même manière par le législateur, il est bon de se demander à propos de chacune d'elles si les enfants qui en font partie ont droit ou non à une pension alimentaire.

§ 1er. — *Enfants simplement naturels.*

Si nous remontons, avant d'étudier notre législation, au droit romain (1), nous trouverons que le droit aux aliments n'y est pas complétement dénié aux enfants nés en dehors des *justæ nuptiæ*.

Il est, en effet, certain que, dans leurs rapports avec leur mère, ces enfants ont une créance alimentaire, qu'ils soient, d'ailleurs, *vulgo quæsiti*, c'est-à-dire sans père connu, ou *liberi naturales*, c'est-à-dire issus du *concubinat* (2).

Mais peuvent-ils réclamer des aliments à leur père? La négative paraît à peu près certaine à l'époque du jurisconsulte Ulpien, et cette solution s'applique non-seulement aux *vulgo concepti*, dont la situation ressemble à celle des enfants naturels qui, en droit français, n'auraient pas été reconnus par leur père ; cette solution, dis-je, s'applique non-seule-

---

(1) A Athènes, les enfants, sous peine de prison, étaient obligés de nourrir leur père tombé dans l'indigence. Montesquieu, dans son *Esprit des lois,* ajoute : « La loi exceptait ceux qui étaient nés d'une courtisane, ceux dont le « père avait exposé la pudicité par un trafic infâme, ceux à qui il n'avait pas « donné de métier pour gagner leur vie. »

(2) Cette disposition résulte de la loi 5, § 4, au Digeste (*De agnosc. et al. liberis*, lib. XXV, 3), ainsi conçue : *Ergo et matrem cogemus præsertim vulgo quæsitos liberos alere.* Cette loi ne parle expressément que de l'enfant *vulgo quæsitus ;* mais la décision donnée par nous relativement à l'enfant issu du *concubinat* en résulte *à fortiori*, puisque ce dernier est ordinairement mieux traité par le législateur romain que l'enfant *vulgo quæsitus.*

ment à ces enfants, mais encore à ceux issus du *concubinat*, quoique leur filiation à l'égard du père soit constante (1). Néanmoins ce dernier point semble avoir été réformé par l'empereur Justinien, qui paraît avoir accordé une créance aux enfants issus du *concubinat* (2).

Sans doute, il peut au premier abord sembler étrange que les enfants illégitimes aient des droits vis-à-vis de leur mère, sans avoir les mêmes droits vis-à-vis de leur père; mais cette différence s'explique aisément si l'on songe que les Romains n'ont jamais mis en doute la maternité; qu'ils ont attribué aux enfants naturels dans leurs rapports avec leur mère la même position que s'ils étaient nés *ex justis nuptiis*. Pour les Romains, il y a certitude quant à l'auteur de l'accouchement; mais il n'y a pas la même certitude quant à l'auteur de la conception.

Ainsi l'enfant naturel a en droit romain une créance alimentaire contre sa mère; mais il avait peut-être aussi la même créance contre les ascendants de celle-ci; c'est là cependant un point très-obscur (3), que nous ne chercherons pas à approfondir, puisqu'il ne servirait à élucider aucune question de notre droit moderne, l'enfant naturel n'ayant d'autres ascendants aux yeux de la loi que ses père et mère (V, article 756, Code civil).

Le droit canon reproduisit la théorie romaine; et il accorda aux enfants naturels une créance alimentaire. Ses décisions vont même jusqu'à obliger les clercs à fournir des aliments à leurs enfants nés d'un commerce coupable et sacrilége, et, dans le cas où leur patrimoine ne leur permet pas de satisfaire à cette dette, de pourvoir à leurs besoins au moyen des produits de leurs bénéfices ou cures.

A l'instar du droit canon, la jurisprudence des Parlements fut unanime pour reconnaître la nécessité pour le père de donner des aliments à ses enfants bâtards, et, de plus, pour imposer aux héritiers du père naturel la même obligation.

---

(1) Telle est l'induction que l'on peut tirer des mots *juste eam procreatam*, employés par la loi 5, § 6, au Digeste (l. 25, 3).

(2) Nov. 18, cap. v; et nov. 89, cap. xii, § 4.

(3) V. sur ce point les développements dans lesquels entre M. Carteron dans une thèse de doctorat soutenue dans la Faculté de Paris en 1872 (nᵒˢ 11 et 12).

Tel était, d'ailleurs, le seul droit qu'avaient, dans notre ancienne législation française, les enfants illégitimes contre leurs auteurs ; partout, en effet, ils étaient incapables de leur succéder, à leur mort ; partout aussi (ou plutôt dans presque toutes les coutumes) ils étaient frappés de l'incapacité de recevoir d'eux aucune disposition universelle, soit entre-vifs, soit par testament (1).

Quelle fut la décision du droit intermédiaire, c'est-à-dire de la législation de l'époque révolutionnaire ? A cette question, nous sommes, en nous fondant sur le décret du 12 brumaire de l'an II (2), amené à répondre que les enfants naturels eurent droit à des aliments, ainsi que les enfants légitimes, et *de la même façon.*

(1) Notre ancien droit, qui accordait des effets très-restreints à la filiation naturelle, admettait, en revanche, avec une extrême facilité la preuve de la filiation naturelle ; celle-ci pouvait résulter même de la recherche de la paternité. « Quand une fille, disait Pothier, est grosse des faits d'un « homme, sur la plainte qu'elle forme contre lui et sur l'intervention du mi-« nistère, cet homme, s'il en convient ou s'il en est convaincu, doit être « condamné à se charger de l'enfant et à lui fournir les aliments néces-« saires. »

Fabre avait dit avant Pothier : « Creditur virgini dicenti se ab aliquo agni-« tam et ex eo prægnantem esse... » (*Codex definit.,* lib. IV, t. XIV, *De prob. def.,* XVIII).

Cette règle, qui est encore observée aujourd'hui en Suisse, n'avait pas cependant été admise sans quelques réserves dans notre ancienne législation. C'est ainsi qu'elle était inapplicable à une fille de mœurs suspectes, *mere-trici;* qu'elle ne pouvait être invoquée contre un homme marié, *ne alioquin et turbetur matrimonium ;* et que plusieurs auteurs en étaient même venus à la restreindre à la déclaration de la servante contre son maître.

Malgré ces tempéraments, la règle ancienne avait produit tellement d'abus que les rédacteurs du Code civil ont cru nécessaire de rejeter la recherche de la paternité.

(2) Voici les dispositions du décret du 12 brumaire de l'an II (2 novembre 1793), relatives aux droits des enfants nés hors du mariage :

« ART. 1er. — Les enfants actuellement existants, nés hors du mariage, se-« ront admis aux successions de leurs père et mère, ouvertes depuis le « 14 juillet 1789. Ils le seront également à celles qui s'ouvriront à l'avenir, « sous la réserve portée par l'article 10 ci-après. »

NOTA. L'effet rétroactif de cet article a été rapporté par une loi du 3 vendémiaire an IV, art. 13.

« ART. 2. — Leurs droits de successibilité seront les mêmes que ceux des « autres enfants.

« ART. 9. — Les enfants nés hors du mariage, dont la filiation sera prou-« vée de la manière qui vient d'être déterminée, ne pourront prétendre au-« cun droit dans les successions de leurs parents collatéraux, ouvertes de-« puis le 14 juillet 1789 ; — mais, à compter de ce jour, il y aura successi-« bilité réciproque entre eux et leurs parents collatéraux, à défaut d'héritiers « directs. »

Ces notions historiques terminées, nous arrivons à la législation moderne.

Notre Code civil a-t-il dans un de ses articles consacré expressément une créance alimentaire au profit des enfants illégitimes ? Aucune de ses dispositions ne leur a accordé ce droit d'une façon explicite ; nulle part nous ne leur voyons accordé formellement un pareil avantage (1). Que l'on ne nous dise pas que le chapitre v du titre V du premier livre est commun aux enfants naturels et aux enfants légitimes ; nous avons plus haut démontré suffisamment que ce chapitre est spécial aux enfants légitimes, et que les dispositions en doivent être regardées uniquement comme les effets du mariage.

Nous n'en concluons pas cependant que les enfants naturels n'ont aucun droit contre leurs parents du vivant de ces derniers. Quoiqu'admettant que ce qu'il est convenu d'appeler la *dette alimentaire* proprement dite soit spéciale aux enfants légitimes, pour les raisons développées plus haut, nous croyons toutefois que les enfants, nés hors du mariage, ont droit à la part de leurs parents, à l'éducation et même à des aliments ; c'est ce que nous nous proposons de démontrer.

Ils ont, en premier lieu, disons-nous, droit à l'éducation qui comprend avec soi la nourriture et l'entretien. Sans doute, nous n'avons pas sur ce point de texte bien précis ; mais telle est néanmoins la décision du législateur.

En effet, l'article 764 du Code civil exige que les parents adultérins ou incestueux fassent apprendre à leurs enfants un art mécanique. De ce texte, l'on peut tirer deux conclusions : l'on peut, en premier lieu, dire que si les parents adultérins ou incestueux doivent à leurs enfants l'éducation, ils lui doivent à plus forte raison la nourriture et l'entretien ; en second lieu, l'on peut induire que cette règle, écrite en faveur des enfants adultérins et incestueux, est *à fortiori* applicable aux

---

(1) A la différence de notre Code, le Code civil italien a décidé expressément « que l'auteur est tenu d'entretenir, d'élever, d'instruire, et de donner « une profession à l'enfant naturel reconnu, de lui fournir même dans la « suite des aliments en cas de besoin, s'il n'a pas d'époux ou de descendants « en position de le faire » (art. 186) ; et, à l'inverse, « que l'enfant naturel « doit des aliments à son auteur, quand celui-ci n'a pas de descendants légitimes ni d'époux qui soient dans la position de lui en fournir. »

enfants simplement naturels, auxquels la loi française a fait à tous les égards une position bien moins mauvaise qu'aux premiers.

Le Code impose donc, implicitement selon nous, le devoir d'éducation aux parents naturels ; mais nous n'aurions même pas l'article 764, que nous n'en donnerions pas moins la même solution : le devoir d'éducation dérive de la nature ; il est ce que Justinien eût appelé *jus naturale quod natura omnia animalia docuit* ; il n'est que la suite du devoir imposé à la mère par la gestation (1). N'y aurait-il pas contradiction, disait déjà Cicéron, dans les opérations de la nature si elle voulait créer et se dispenser d'élever ? « Hæc inter se congruere non « possunt ut procreari quidem natura vellet, diligi autem « creata non curaret (2). »

Lorsque les parents naturels ont accompli vis-à-vis de leur enfant le devoir d'éducation, sont-ils tenus encore envers lui à lui fournir des aliments dans le cas où, arrivé à l'âge adulte, il serait dans le besoin et dans l'indigence ; en un mot, les parents naturels sont-ils astreints non-seulement au devoir d'éducation, mais encore à la dette alimentaire ?

Pas plus sur ce point que sur le précédent le Code n'est précis ; mais ici encore nous pensons que l'affirmative a été implicitement admise par ses rédacteurs.

Se peut-il d'abord, et abstraction faite de tout argument puisé dans les textes, se peut-il que le Code ait rejeté une décision que la tradition et la morale s'accordent à sanctionner, qui existait dans le droit romain et dans notre ancienne législation ; qu'il ait effacé de ses dispositions un devoir que la loi civile ne ferait qu'emprunter à la loi naturelle !

Consultant ensuite les textes, nous y trouvons la confirmation de cette solution : « Lorsque le père ou la mère de l'en- « fant adultérin ou incestueux lui auront fait apprendre un « art mécanique, ou lorsque l'un d'eux lui aura assuré des

(1) Aulu-Gelle, dans ses *Nuits attiques*, exprime avec beaucoup de force l'idée que nous venons d'exprimer. « Quid est hoc contra naturam, écrit-il, « imperfectum, ac dimidiatum matris genus peperisse, et statim abs se abje- « cisse, aluisse in utero sanguine suo nescio quid quod videret, non alere « autem nunc suo lacte quod videat jam viventem, jam hominem, jam ma- « tris officia implorantem? » (Lib. XII, cap. I.)

(2) Cicéron, *De finibus*, cap. XIX.

aliments *de son vivant....,*» dit l'article 764 précité; cet article, en parlant d'aliments fournis aux enfants incestueux et adultérins de leur vivant, et en supposant pour eux le droit d'en demander, implique l'existence d'un droit identique au profit des enfants naturels proprement dits, dont la position est meilleure, légalement parlant. L'article 764 est lui-même précédé de l'article 763, aux termes duquel les aliments dus à ces enfants doivent être réglés « eu égard *aux facultés du père ou de la mère,* » mots qui laissent induire que les aliments sont dus du vivant des parents.

Les textes relatifs aux enfants naturels proprement dits ne sont pas moins concluants. Dans le titre VII *sur la Paternité et la Filiation,* nous trouvons un article 338, ainsi conçu : « L'enfant naturel reconnu ne pourra réclamer les droits « d'enfant légitime. Les droits des enfants naturels seront ré- « glés au titre des Successions. » Or, à ce dernier titre nous voyons les articles 756, 757 et 758 qui accordent à l'enfant naturel un droit successoral. Si l'enfant naturel succède à ses parents, n'a-t-il pas *à fortiori* un droit aux aliments du vivant de ses auteurs ? Avant la Révolution, l'enfant naturel ne succédait jamais à son père, et cependant il avait le droit de lui demander une pension alimentaire; en droit romain, il succédait; mais la successibilité ne faisait pas obstacle à la demande en aliments. C'est assez induire que notre Code, ayant accordé à l'enfant naturel des droits sur la succession de son père, lui permet de réclamer des aliments pendant sa vie. Pourquoi, en effet, un père serait-il tenu, d'une part, de laisser une fraction de sa fortune à son enfant illégitime après sa mort, et pourrait-il, d'autre part, lui refuser de son vivant l'accomplissement du devoir le plus impérieux de la paternité ? Cette contradiction ne peut se concevoir, surtout si l'on envisage que le père est véritablement obligé de conserver une certaine quotité de son patrimoine à cet enfant, qui est son *réservataire,* comme l'atteste la comparaison des articles 757 et 761 (1).

Que l'on ne nous objecte pas que l'article 757 ne permet à

---

(1) L'article 757, d'un côté, qui règle les droits des enfants naturels, en fixe la quotité par comparaison à ceux des enfants légitimes ; et il est évident que cette disposition ne pourrait recevoir sa complète application, si l'on refusait une réserve à l'enfant naturel.

l'enfant naturel d'exercer ses droits sur les biens de ses père et mère qu'après *leur décès;* l'article 757, en effet, décide seulement que, pour avoir des droits sur les biens des père et mère après le décès, il faut qu'il ait été légalement reconnu ; mais il n'en résulte pas que le père vivant ne doive pas d'aliments à l'enafnt naturel qu'il a reconnu.

Ajoutons, d'ailleurs, que l'intention des auteurs du Code n'a pas été d'affranchir le père naturel de cette dette. Un des rédacteurs du Code disait, en parlant au nom du gouvernement sur le titre de la paternité et de la filiation, que « la loi « serait à la fois et impuissante et barbare, qui voudrait « étouffer le cri de la nature entre ceux qui donnent et ceux « qui reçoivent l'existence, et que les pères ont envers leurs « enfants naturels des devoirs d'autant plus grands qu'ils « ont à se reprocher leur infortune (1). »

L'enfant naturel qui, comme nous espérons l'avoir démontré, est en droit de réclamer des aliments à ses père et mère, pourrait-il en demander aux ascendants de ses père et mère ? En présence de l'article 756, la réponse ne saurait être que négative ; cet article ne reconnaît, en effet, aucun lien de parenté légale entre l'enfant naturel et les ascendants de ses auteurs.

Mais si les père et mère sont seuls les débiteurs de la pension alimentaire, nous ne pensons pas qu'à l'inverse, l'enfant naturel en soit l'unique créancier. Nous admettons parfaitement les descendants de l'enfant naturel à invoquer, en cas de prédécès de ce dernier, le même droit (art. 759), pourvu qu'ils soient descendants *légitimes.* Que s'ils étaient eux aussi nés hors du mariage, comme dans cette hypothèse, ils ne seraient pas rattachés à la famille de leurs père et mère, ils

L'article 761, d'un autre côté, en accordant aux parents d'un enfant naturel un moyen particulier de le réduire à une part inférieure à celle que lui assignent les articles 757 et 758, implique avec évidence qu'il n'est pas en leur pouvoir de le priver absolument de tout droit successoral.

(1) Telle est, mais pour des motifs différents, l'opinion de la presque unanimité des auteurs.

Telle est aussi la doctrine qui prévaut en jurisprudence. V. Réq. rej. 16 novembre 1808 ; Sirey, 9, 1, 110 ; Toulouse, 24 juillet 1810 ; Sirey, 11, 2, 105. Réq. rej., 27 août 1811 ; Sirey, 12, 1, 13 ; Bordeaux, 22 février 1851 ; Sirey, 51, 2, 494 ; Toulouse, 25 juillet 1863 ; Sirey, 64, 2, 137.

ne pourraient en aucune façon jouir du droit de représenter leur auteur.

L'enfant naturel, et, au cas de son prédécès, ses descendants légitimes, ont donc droit à une pension alimentaire. Toutefois leur droit est subordonné à une *reconnaissance ;* telle est la teneur de l'article 756, ainsi conçu : « La loi ne leur « accorde de droit sur les biens de leur père ou mère décédés « que lorsqu'ils ont été *légalement reconnus.* » Peu importe, d'ailleurs, qu'ils aient été judiciairement ou volontairement reconnus ; l'article 340 qui parle de la recherche de la paternité, l'article 341, qui s'occupe de la recherche de la maternité, sont, en effet, sous la section II, dont la rubrique est ainsi conçue : « *De la reconnaissance des enfants naturels.* »

Mais si le mode de reconnaissance est différent, encore faut-il que la reconnaissance soit faite dans les formes exigées par la loi (1). Ainsi une reconnaissance de paternité faite par acte sous seing privé ne pourrait seule servir de fondement à une action alimentaire formée contre le signataire de cet acte par l'enfant ainsi reconnu. La raison en est que l'identité de l'enfant n'est admise qu'à la condition d'être prouvée ; et la loi ne veut ici comme preuve que l'acte authentique (art. 334, C. civ.).

De ce que nous venons de dire, il ne s'ensuivrait pas cependant que si un individu se reconnaissait le père d'un enfant par un acte sous seing privé, et, par le même acte, s'obligeait à lui fournir des aliments, ce dernier engagement ne fut pas valable. La reconnaissance serait bien nulle, il est vrai ; mais la promesse serait valable. C'est qu'en effet cette promesse a sa raison d'être indépendamment de la reconnaissance. L'action est fondée sur une cause qui n'a rien de contraire à la loi ni aux bonnes mœurs ; car elle a sa source dans le désir d'accomplir un devoir d'honneur ou de cons-

---

(1) Non-seulement la reconnaissance doit être faite dans les formes requises, mais elle doit, de plus, émaner d'une personne ayant la capacité de droit commun. Nous pensons, en effet, que, pour reconnaître un enfant naturel, il aut ne pas être incapable..... « Pour nous il est hors de doute que la re-« connaissance ne peut, en principe, être faite que par ceux qui ont la ca-« pacité civile et juridique, requise pour contracter. » Telle est l'opinion que nous avons émise dans une étude sur la *capacité requise pour reconnaî-tre un enfant naturel* (*Revue pratique,* année 1874, p. 524), opinion dans laquelle, après examen, nous persistons.

cience, lequel constitue une cause suffisante d'obligation civile. Le signataire de l'acte a pu se croire moralement obligé, par suite de ses relations avec la mère de l'enfant, à pourvoir à l'entretien de ce dernier.

La même solution devrait être donnée dans le cas où un individu se serait engagé, par acte sous seing privé, à fournir des aliments à un enfant dont il ne se serait pas d'ailleurs reconnu le père. Si, par conséquent, l'engagement était attaqué pour défaut de cause, les tribunaux devraient le déclarer efficace, s'ils constataient, par appréciation des circonstances, que cet engagement a été le résultat de la volonté libre et réfléchie d'accomplir un devoir d'honneur et de conscience.

Laissant de côté ces hypothèses particulières, et nous résumant, nous pouvons dire que, chaque fois que l'enfant naturel sera reconnu, il aura droit à une pension alimentaire. Cependant il existe un cas où ses droits seront restreints considérablement : nous faisons allusion à l'espèce prévue par l'article 337 du Code civil. Cette disposition suppose la reconnaissance, soit volontaire, soit judiciaire, faite par une personne actuellement mariée au profit d'un enfant qu'elle a eu avant son mariage. Et elle décide que la reconnaissance ne peut nuire ni aux droits de ce dernier, ni à ceux des enfants nés ou à naître du mariage, quoique, du reste, elle produise tous les effets qui sont en général attachés à une reconnaissance valable. D'ailleurs, l'inefficacité de la reconnaissance n'est que relative; ainsi, par exemple, la reconnaissance peut être opposée aux enfants issus d'un mariage antérieur ou postérieur à celui pendant lequel la reconnaissance a eu lieu.

Si nous appliquons les dispositions de l'article 337 à notre question, nous sommes amené à dire ici que, quoique la reconnaissance d'un enfant naturel engendre une obligation alimentaire contre l'auteur de cette reconnaissance, l'enfant reconnu par une femme mariée n'est pas admis à poursuivre le payement des aliments qui lui sont dus, au préjudice du droit d'usufruit qui compéterait au mari de sa mère, soit en son propre nom, soit comme chef de la communauté, sur tout ou partie des biens de cette dernière.

Nous devons même aller jusqu'à dire, quoique ce point ait été contesté, que l'enfant reconnu par un homme marié ne pourrait pas poursuivre, pendant le mariage, le paiement des aliments que son père lui doit sur les biens de ce dernier, ni sur ceux de la communauté ; de même, il faut admettre qu'un enfant reconnu par une femme mariée n'aurait pas le droit de poursuivre, pendant le mariage, le paiement des aliments que sa mère lui doit, sur les biens dont elle a l'administration et la jouissance, ni sur la nue propriété des biens dont le mari se trouve avoir l'usufruit (1).

D'ailleurs, ces solutions ne peuvent être données dans les divers cas où l'article 337 ne saurait lui-même recevoir application ; ainsi, dans le cas où il s'agirait d'un enfant naturel reconnu pendant le mariage, mais qui serait commun aux deux époux, ou lorsque la reconnaissance n'interviendrait que postérieurement à la célébration du mariage, ou que, cachée à l'autre, elle aurait été faite antérieurement au mariage. L'article 337 est également inapplicable à la confirmation faite pendant le mariage d'une reconnaissance qui serait antérieure, et qui serait entachée de nullité.

§ 2. — *Enfants adultérins ou incestueux.*

A Rome, l'enfant adultérin et incestueux avait été déclaré indigne *paternæ substantiæ* (2) ; il n'avait, par conséquent, droit à aucune créance alimentaire contre son père.

Mais, vis-à-vis de la mère, en était-il de même ? De l'*authentique*, par *à contrario* il semblerait résulter que la mère lui devait des aliments. Mais la Novelle 89 (chap. xv) s'exprimant en ces termes : *Omnis qui ex complexibus aut nefariis aut incestis, aut damnatis processerit, iste neque naturalis nominatur, neque alendus a parentibus,* ne laissait pas de doute sur le contraire.

L'authentique *ex complexu* refusait des aliments à l'enfant

______

(1) « L'enfant reconnu dans les circonstances indiquées en l'article 337, di-
« sent MM. Aubry et Rau, est, après le décès de l'auteur de la reconnais-
« sance, autorisé à réclamer contre sa succession l'acquittement de la dette
« alimentaire dont celui-ci était tenu envers lui, sans que l'autre conjoint et
« les enfants issus du mariage puissent, pour repousser sa réclamation, se
« prévaloir de cet article. »
(2) Authentique *ex complexu*, l. 6, au Code, *de Incest. et inutil. nuptiis.*

incestueux et adultérin. Cela n'a pas été adopté par l'Église, qui n'a écouté que la voix de la nature, et a voulu qu'il fût nourri par ses père et mère jusqu'à ce qu'il fût en état de gagner sa vie (1).

La jurisprudence des Parlements fut unanime pour appliquer le chapitre v de la décrétale *de eo qui duxit,* et rejeter le droit romain, en ce qui concerne les enfants adultérins et incestueux.

Le décret du 12 brumaire an II (2 novembre 1792) reproduisit le même principe.

C'est cette même solution que nous devons donner sous l'empire du Code, nous l'avons déjà laissé pressentir.

Et, en effet, selon nous, l'enfant adultérin ou incestueux a droit tout à la fois et à l'éducation et aux aliments dont il pourrait éventuellement avoir besoin.

Il a droit tout d'abord, avons-nous dit, à l'éducation. C'est ce qu'atteste l'article 764 du Code civil. Des expressions employées par ce article, *lorsque le père ou la mère de l'enfant adultérin ou incestueux lui auront fait apprendre un art mécanique,* faut-il conclure que les parents doivent se borner à lui faire apprendre un art mécanique au lieu de lui donner une éducation proportionnée à leurs ressources ? Ce serait, à notre sens, faire de l'article 764 une interprétation judaïque.

Non-seulement il a droit à l'éducation, mais encore à des aliments. C'est ce qu'impliquent les articles 762, 763, 764. L'enfant adultérin ou incestueux a même un certain droit héréditaire dans la succession de ses père et mère, droit qui ne lui attribue qu'une pension alimentaire ; mais ce point sort de notre étude.

La solution que nous venons de donner suppose que la filiation adultérine ou incestueuse de l'enfant est certaine ; or comment peut-elle être certaine en présence de l'article 335, qui prohibe la reconnaissance des enfants adultérins et incestueux ?

Malgré la prohibition de l'article 335 et de l'article 342, il

____

(1) Decrétale *de eo qui duxit* (ch. v).

peut se faire qu'une filiation incestueuse ou adultérine se trouve légalement établie par la force même des choses, lorsqu'un enfant est issu d'un mariage qui, contracté de mauvaise foi en contravention aux articles 147, 161 à 163, a depuis été annulé pour cause de bigamie ou d'inceste ; lorsque, dans les cas prévus par les articles 312 (al. 2), 313 et 325, il a été judiciairement déclaré qu'un enfant conçu par une femme mariée n'a point pour père le mari de sa mère ; enfin lorsque, par erreur de fait ou de droit, un jugement, non susceptible d'être réformé, a admis une recherche de paternité, dont le résultat a été de constater une filiation incestueuse ou adultérine (1).

Sauf ces hypothèses, il ne peut y avoir preuve de la filiation adultérine ou incestueuse. Toute reconnaissance est nulle. Nous ne pensons donc pas, avec certains auteurs, que la reconnaissance, qui serait nulle en principe, donnerait cependant le droit pour l'enfant de réclamer des aliments.

Du reste, la nullité, dont se trouve entachée la reconnaissance d'un enfant incestueux ou adultérin, n'autorise pas celui qui l'a faite, à demander l'annulation, pour défaut de cause, de l'engagement qu'il aurait pris de fournir des aliments à l'enfant par lui reconnu.

SECTION II

LES PARENTS ILLÉGITIMES ONT-ILS DROIT A UNE PENSION ALIMENTAIRE ?

I. Parents *simplement naturels*.

A Rome, l'enfant *vulgo conceptus* ne peut être contraint à fournir des aliments à son père ; car *légalement* il ne peut en avoir.

Relativement à l'enfant *né du concubinat,* l'incertitude est plus grande. Si nous nous reportons au temps d'Ulpien, nous pourrions décider, sans avoir la crainte de nous tromper, que le père concubin et les ascendants de celui-ci se trouvaient dans l'impossibilité de réclamer des aliment à leur

____

(1) Peut-être aussi faudrait-il voir une preuve de la filiation adultérine ou incestueuse dans la reconnaissance volontaire reçue par ignorance de l'officier de l'état civil?

enfant; en effet, celui-ci ne pouvant en réclamer d'eux, l'on n'eût pas compris que le père eût eu plus de droits que l'enfant, complétement innocent du vice de sa naissance; l'on n'eût pas compris que le coupable eût été mieux traité que la victime. Si nous nous plaçons, au contraire, à l'époque de Justinien, nous serons beaucoup plus embarrassé pour donner une solution certaine ; d'une part, le *pater naturalis* devant des aliments à son enfant issu du *concubinat*, il est permis d'en induire la réciprocité; mais, d'autre part, il nous est difficile, sans texte, d'établir une obligation à l'encontre de l'enfant naturel.

Quant à la mère, la loi 5, § 4 (au Digeste, l. 25, t. III) dit que l'enfant *vulgo conceptus* lui devait des aliments. Ce texte nous permet de conclure que ce *vulgo conceptus* devait également des aliments aux ascendants et ascendantes de sa mère; car, à Rome, cet enfant se trouvait, à l'égard de sa mère et des parents de sa mère, dans la position d'un enfant né *ex justis nuptiis*. Est-il besoin d'ajouter que de cette loi 5, § 4, il est facile de tirer un argument *à fortiori* pour soutenir l'existence à la charge de l'enfant né *ex concubinatu* d'une dette alimentaire vis-à-vis de la mère concubine, ainsi que des ascendants de cette dernière ?

En présence de la législation romaine, que fait notre ancien droit ?

Un arrêt du Parlement de Paris, rendu le 5 août 1782 sur les conclusions du procureur général Séguier, met à la charge de l'enfant la nourriture de ses père et mère naturels, lorsqu'ils sont dans l'indigence. Cet arrêt n'avait fait, d'ailleurs, que consacrer la jurisprudence antérieure.

Ne terminons pas ces préliminaires historiques, sans noter une différence entre l'obligation alimentaire que notre ancien droit imposait aux enfants légitimes vis-à-vis de leur père et mère, et celle qu'il faisait supporter aux bâtards. Les premiers devaient acquitter leur dette en argent, les seconds pouvaient y satisfaire, en obligeant leurs parents à venir recevoir chez eux la nourriture et l'entretien. Les enfants naturels, d'ailleurs, n'étaient tenus de cette obligation que si leurs père et mère naturels n'avaient aucun enfant légitime capable de leur venir en aide.

Ayant terminé ces notions historiques, voyons quelle solution doit prévaloir dans notre législation actuelle ; tâche difficile, s'il en est ; car les rédacteurs du Code civil ont omis, comme nous l'avons dit plus haut, de trancher expressément la question.

Nous avons admis, on se le rappelle, le droit à l'éducation au profit des enfants naturels ; nous leur avons, de plus, reconnu un droit aux aliments dont ils pourraient avoir besoin, à l'âge où régulièrement l'homme, rendu apte au travail, pourrait suffire aux exigences matérielles de la vie, s'il n'en était quelquefois empêché par la maladie ou par d'autres causes. La première de ces deux créances, qui compètent ainsi à l'enfant naturel, ne saurait, par suite de son essence même, comporter de réciprocité ; c'est là un point que nous avons déjà fait observer et sur lequel il est inutile de revenir. Mais celle que l'on désigne sous le nom de créance *alimentaire* proprement dite, n'est-elle accordée à l'enfant naturel qu'à charge de réciprocité ?

L'affirmative semblerait devoir être adoptée, si l'on consultait les principes généraux de la matière des obligations alimentaires (art. 207 C. civ.). Mais ces principes n'ont été formulés par le législateur que dans le but de régler les rapports des parents légitimes entre eux. Or, pour construire la théorie de la dette alimentaire entre parents naturels, il faut faire table rase des dispositions du chapitre v du titre *Du mariage*. C'est là, on se le rappelle, notre point de départ. On ne doit, à notre sens, étudier cette question qu'après avoir fait abstraction des principes résultant des articles 203 à 211. Dès lors, l'article 207, aux termes duquel la réciprocité est de l'essence de l'obligation alimentaire, se trouve, à nos yeux, inapplicable ici ; et ce n'est que l'obligation alimentaire, *dérivant du mariage*, que la loi regarde comme réciproque.

Ainsi la loi ne nous impose pas la nécessité de n'accorder aux enfants naturels de créance alimentaire qu'à charge de réciprocité. Le texte de la loi ne nous y oblige pas ; disons plus : l'intention des rédacteurs du Code nous semble être de refuser aux parents naturels tout droit à des aliments.

Trouvons-nous, en effet, quelque disposition sur ce point ? Aucune.

Sans doute, dans la section précédente, lorsque nous parlions du droit accordé aux enfants, nous avons souvent signalé l'absence de règles certaines. Mais, au moins, pouvions-nous encore argumenter par *à fortiori* des articles 762, 763 et 764, et dire, en outre, que si les enfants adultérins ou incestueux avaient, malgré la rigueur du législateur à leur égard, un droit à des aliments, il était nécessairement évident que ce même législateur avait dû accorder un avantage identique aux enfants simplement naturels. Ici, au contraire, lorsqu'il s'agit du droit des parents, nous ne rencontrons aucun argument *à fortiori* de cette nature, la loi ayant omis (intentionnellement, selon nous) de régler la position des parents adultérins ou incestueux.

Donc pas de texte. Mais l'esprit du législateur serait-il, du moins, favorable à la thèse contraire ? Nous le nions ; l'intention, qui a présidé à la rédaction du Code civil, a été de frapper les père et mère naturels.

C'est ainsi que le législateur leur refuse les avantages de la puissance paternelle, tout en leur en attribuant les charges ; l'on sait, en effet, que l'article 383, aux termes duquel les parents légitimes ont la jouissance légale des biens de leurs enfants mineurs de dix-huit ans, ne s'étend pas aux parents naturels (1).

C'est ainsi encore qu'il veut atteindre et punir les père et mère naturels, en les privant de la faveur de voir leur succession transmise à leurs enfants. Sans doute, c'est là une peine bizarre, puisqu'elle frappe la victime avant d'atteindre le coupable lui-même.

Or se peut-il que le même législateur, qui a enlevé aux père et mère naturels le droit de jouissance légale, qui a voulu également les frapper de déchéance, en édictant l'article 757, se peut-il, dis-je, qu'il ait négligé de les punir, en ne leur enlevant pas toute créance alimentaire vis-à-vis de leur descendance ? Se peut-il qu'il n'ait trouvé, pour les atteindre, que des moyens indirects dont les conséquences matérielles devaient rejaillir surtout sur les enfants ; et que, d'autre part, il n'ait pas employé un moyen beaucoup plus efficace

____

(1) Ne sont pas davantage applicables aux parents naturels les articles 389 et 390 ; le premier confère au père, pendant le mariage, l'administration légale des biens de ses enfants mineurs ; le second en attribue au survivant des père et mère la tutelle légale.

de les punir, et surtout beaucoup moins injuste, puisqu'il n'est pas de nature à atteindre la victime avant le coupable.

Disons aussi que la solution opposée aurait un grand inconvénient, celui d'encourager des reconnaissances intéressées, et, ce qui est plus grave, des reconnaissances contraires à la vérité. Les père et mère d'abord, qui n'auraient pas fait la rconnaissance de leur enfant, afin de n'être pas astreints à l'élever, attendraient qu'il fût en état de leur fournir des aliments pour faire l'aveu de leur paternité. Il pourrait même arriver que des tiers reconnussent un ou plusieurs enfants naturels, qui leur seraient complétement étrangers, dans le but de faire naître de cette fausse déclaration de paternité un droit contre l'enfant qui l'aurait subie (1).

Ces considérations sont sérieuses. Mais, nous devons le dire, les objections, que l'on peut adresser à ce système, ne le sont pas moins.

D'abord, nous dira-t-on, la tradition nous est contraire. Le droit romain et l'ancien droit accordaient des aliments aux père et mère C'est là un point que nous avons fait ressortir, mais qui, nous le pensons, se trouve plutôt un argument en faveur de notre thèse ; car, en présence des difficultés auxquelles donnait lieu le droit romain sur cette matière (2), en présence aussi des restrictions apportées par notre ancien droit relativement aux cas dans lesquels était due la pension alimentaire et relativement à la façon dont elle devait être servie (3), le législateur n'eût certainement pas manqué de s'expliquer formellement, s'il eût voulu faire passer le même droit dans notre Code.

De plus, pourra-t-on nous objecter, les parents naturels n'ont-ils pas un droit successoral ; or n'est-ce pas le propre de ceux qui sont héritiers d'avoir éventuellement droit à une pension alimentaire ? Est-il nécessaire de répondre que tout

______

(1) Nous ne pouvons résister au désir de citer ici l'exemple de cet individu devenu légendaire, qui s'avouait le père de tous les enfants naturels se trouvant dans l'armée, dont il faisait partie : « Il y en aura bien un parmi eux, « disait-il, qui, devenant général ou officier supérieur, pourra me nourrir et « venir à mon secours. » — Et il ajoutait qu'en se rendant à la mairie près de l'officier de l'état civil, il allait *en reconnaissance.*

(2) Nous renvoyons le lecteur à ce que nous avons dit plus haut sur ce point.

(3) V. plus haut.

héritier n'a pas droit à une pension alimentaire, de même qu'à l'inverse l'on peut avoir droit à une pension alimentaire sans avoir la qualité d'héritier. Il est vrai que c'est du droit successoral, qui leur est accordé, que nous avons induit l'existence, au profit des enfants naturels, d'une créance alimentaire; mais que de différences entre le droit successoral des enfants naturels sur les biens de leurs parents, et celui de ces derniers sur le patrimoine de leurs descendants! Ceux-ci héritent alors même qu'ils viennent en concours avec des parents légitimes, voire même des enfants légitimes; les ascendants ne viennent à la succession de leurs enfants naturels que si ces derniers sont morts *sans postérité*, c'est-à-dire sans avoir laissé même des enfants naturels; ainsi les ascendants sont sacrifiés aux descendants naturels de' leur enfant naturel. D'ailleurs, à la différence des enfants naturels, leurs ascendants n'ont aucune réserve, et ils peuvent être dépouillés par la volonté de leur enfant; c'est ce qu'attestent d'une façon implicite certains articles de notre Code civil (1).

L'on invoque encore, pour combattre notre solution, le principe de la réciprocité; mais nous l'avons écarté, en disant que l'article 207, qui l'admet, est, ainsi que les articles qui le suivent et le précèdent, complétement étranger à la filiation naturelle. Et, du reste, comment pourrait-on parler ici de réciprocité? Celle-ci pourrait-elle exister en droit, lorsqu'elle n'existe pas même en fait? Les descendants, en effet, quels qu'ils soient, légitimes ou naturels, n'ont pas demandé à naître; leur obligation ne saurait avoir un fondement aussi direct que celui sur lequel s'appuie l'obligation des ascendants, qui ont commis volontairement le fait de la procréation; idée qui se trouve beaucoup plus vraie encore lorsque

---

(1) La réserve est un droit qui ne peut appartenir qu'à ceux au profit desquels la loi l'a établi, soit expressément, soit au moins implicitement. Si la combinaison des articles 757 et 761 conduit à reconnaître l'existence d'une réserve en faveur des enfants naturels, l'on ne trouve pas, au contraire, de disposition qui, de près ou de loin, puisse être considérée comme admettant une réserve au profit des père et mère naturels.

D'ailleurs, comment calculerait-on le montant de leur réserve? Leur accorderait-on une réserve égale à celle des ascendants légitimes? Telle serait cependant la conclusion à laquelle aboutirait l'opinion (non soutenue, du reste), qui leur accorderait une réserve.

l'enfant a été procréé en dehors des *justæ nuptiæ ;* car, dans cette hypothèse, le fait même de la procréation est une faute que ses auteurs ont commise tant à l'égard de l'enfant, qu'ils ont mis au monde pour le placer dans une condition malheureuse, qu'envers la société, à la charge de laquelle ils l'ont placé. L'enfant, qui est la victime, serait donc obligé de souffrir doublement, s'il devait être condamné à fournir des aliments.

Enfin, à l'objection que l'on voudrait tirer de l'article 370 du Code civil, nous répondrions par avance qu'il ne nous paraît pas possible de faire découler l'obligation alimentaire du devoir d'honneur et de respect auquel l'enfant est soumis(1).

II. Parents *adultérins ou incestueux.*

Les parents incestueux ou adultérins n'avaient dans la législation romaine aucun droit à des aliments vis-à-vis de leur enfant, et par parents j'entends aussi bien la mère (2) que le père.

Ce principe fut conservé dans le droit canon et dans notre ancienne jurisprudence.

Est-il maintenu sous l'empire du Code ? La réponse affirmative ne saurait être douteuse ; car, même en l'absence de tout autre argument, il nous suffirait de raisonner par *à fortiori* de la solution que nous venons de donner relativement aux ascendants simplement naturels.

Mais, d'ailleurs, nous n'en sommes pas réduits à nous prévaloir de cette seule raison ; nous pouvons arguer aussi, pour consolider cette décision, du refus fait par la loi aux parents adultérins ou incestueux de certaines prérogatives accordées aux père et mère. L'on sait, en effet, qu'ils ne peuvent exercer sur la personne et sur les biens de leur enfant, ni les droits de puissance paternelle et de tutelle, ni ceux de succession.

(1) L'opinion contraire à la nôtre semble cependant prévaloir en doctrine et jurisprudence. V. Merlin, *Rép.*, v° *Aliments*, § 1, art. 2, n° 11 ; Chabot, *Des Successions*, sur l'art. 756, n° 37 ; Duranton, II, 396 ; Demolombe, IV, 18 ; Aubry et Rau, t. VI, p. 214, 4° édition. Bordeaux, 20 mars 1837 ; Sir., 37,2,483.

(2) Arg. *à contrario* de la loi 5, § 4, au Digeste.

Ici, du reste, loin de nous trouver en désaccord avec la majorité des auteurs, nous avons en notre faveur l'autorité de deux jurisconsultes éminents. « L'enfant incestueux ou « adultérin, disent MM. Aubry et Rau, est sans doute obligé « *natura et pietate* à fournir des aliments à ses père et mère « qui sont dans le besoin ; mais rien ne prouve que le légis-« lateur ait entendu accorder la sanction civile à cette obli-« gation naturelle (1). »

(1) Aubry et Rau, vol. VI (4ᵉ édition), page 227. *Contrà*, Demolombe, V, 19.

FIN.

3537-77. — CORBEIL. Typ. et stér. de CRÉTÉ.